La Belle au bois dormant

Il y a très longtemps, dans un lointain pays, le roi et la reine furent au comble de la joie : une ravissante petite princesse leur était née.

Ils donnèrent une grande fête où se rendirent toutes les fées du royaume, à l'exception d'une vieille fée, que l'on oublia d'inviter.

Toutes les fées firent des dons magnifiques à l'enfant, mais la vieille fée, furieuse de n'avoir pas été invitée, lui jeta un sort : " Le jour de ses quinze ans la princesse se piquera avec un fuseau et elle en mourra ".

La dernière fée à parler usa de tout son pouvoir, mais elle ne put qu'atténuer le maléfice : " La princesse ne mourra pas, mais elle dormira pendant cent ans, jusqu'à ce que le baiser d'un prince vienne la réveiller ".

Édit royal
Par ordre exprès du roi, il est désormais interdit d'utiliser fuseaux et quenouilles dans le royaume afin de préserver la santé et la sécurité de la princesse.

Le roi et la reine, désespérés, firent brûler toutes les quenouilles et les fuseaux du royaume.
Le temps passa et la jeune princesse était saine et belle.

Mais le jour où elle eut quinze ans, elle monta en haut d'une tour où une vieille femme filait sa quenouille. La jeune princesse voulut essayer et se piqua.

Une fois revêtue de ses plus belles parures, le roi la fit installer dans un magnifique salon orné d'or et d'argent. La princesse était merveilleusement belle.

Le roi fit appeler la fée qui avait annoncé que la princesse dormirait pendant cent ans. Elle apparut aussitôt dans un chariot tiré par de superbes dragons bleus et accompagnée par un lutin.

“ Si la jeune princesse s’éveille un jour, après tant d’années, aucun habitant du château n’aura survécu, et elle se sentira bien seule “, pensa-t-elle. Aussi, touchant de sa baguette magique tous les êtres vivants, elle les endormit sur-le-champ.

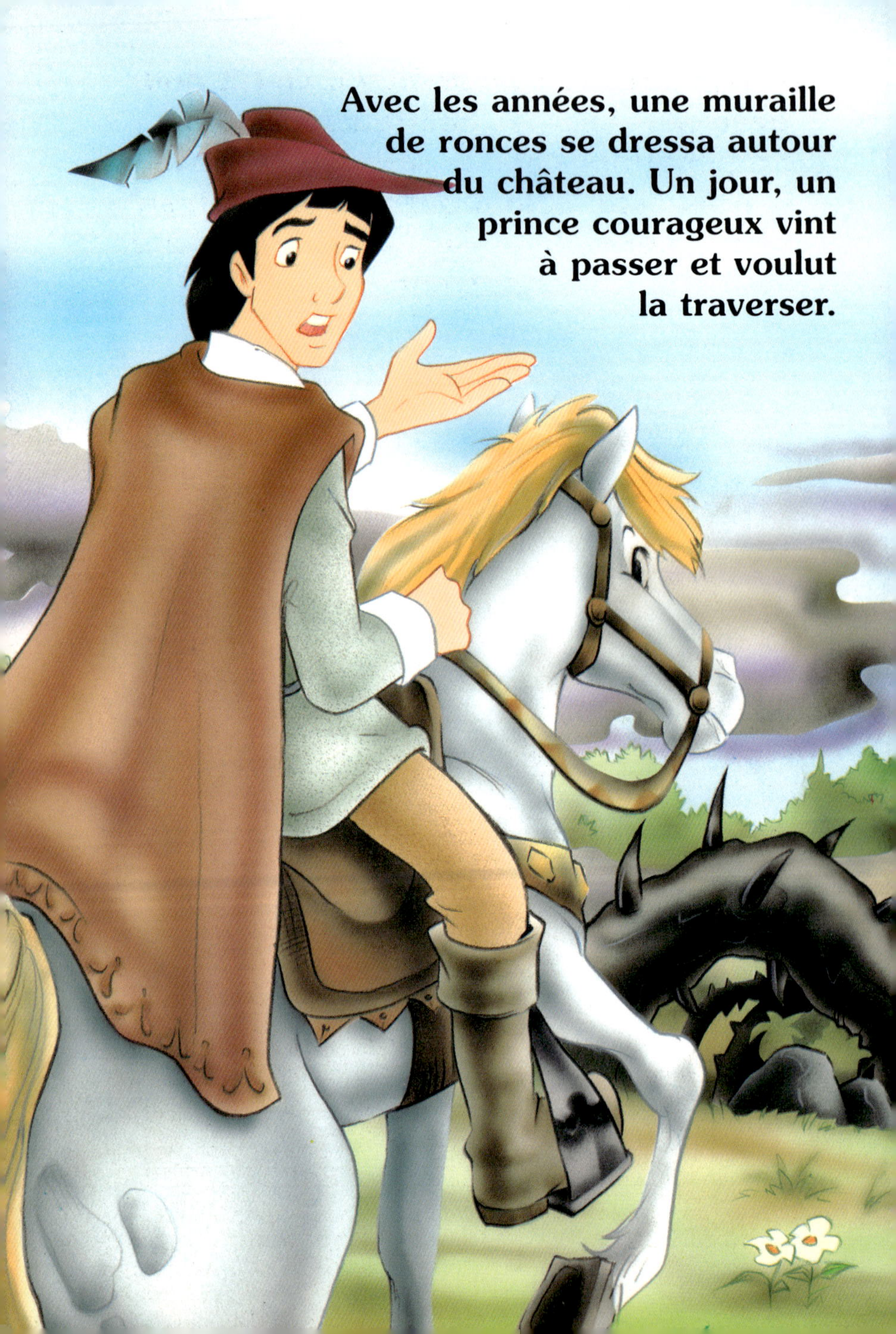

Avec les années, une muraille de ronces se dressa autour du château. Un jour, un prince courageux vint à passer et voulut la traverser.

Lorsqu'il parvint au château, ce fut pour découvrir tous les habitants endormis. En pénétrant dans le salon où reposait la princesse, ébloui par sa beauté, il se pencha vers elle et déposa un baiser sur son front.

Aussitôt la jeune princesse ouvrit les yeux et lui sourit doucement. Ils parcoururent ensemble le château et tous se réveillèrent sur leur passage.
Ils se marièrent le jour même et, protégés par la bonne fée, ils furent heureux à tout jamais.